ALGER EN 1876,

PAR

Joseph **LOUBON**,

BANQUIER, RÉGENT DE LA BANQUE, VICE-PRÉSIDENT DE LA SOCIÉTÉ
DE STATISTIQUE ET ADJOINT A LA MAIRIE DE MARSEILLE.

MARSEILLE.
TYPOGRAPHIE DES HOIRS FEISSAT AÎNÉ ET DEMONCHY,
Imprimeurs de la Ville et du Commerce,
RUE CANEBIÈRE, N° 19.
=

DÉCEMBRE. — **1837.**

Monseigneur le Duc de Nemours.

Prince,

La civilisation du nord de l'Afrique promet à l'Europe, à la France & surtout à Marseille, des avantages incalculables. Convaincu qu'ils seraient enfin appréciés & que la force des choses amènerait cette civilisation, je reposai, en 1836, ma pensée sur l'avenir d'Alger. Je me représentai ce que serait cette contrée dans quarante ans, & j'en traçai le tableau. Il était à mes yeux la réalisation nécessaire du désir prononcé de la France entière. Toutefois cette réalisation anticipée était alors si douteuse, qu'elle ne pouvait être admise que comme un rêve. Mais aujourd'hui la prise de Constantine, à laquelle vous avez si glorieusement attaché votre nom, & l'intérêt que vous portez à la colonisation de l'Afrique Française, ont converti mes prévisions en réalité.

Au témoignage de gratitude que vous offre le Commerce de Marseille, dont je fais partie, permettez, Monseigneur, que je joigne mon tribut particulier par la dédicace du modeste opuscule dont je vous prie d'agréer l'hommage.

Daignez recevoir l'assurance du profond respect avec lequel

Je suis,

de votre Altesse Royale,

Monseigneur,

Le très-humble & très-obéïssant serviteur.

Jh. LOUBON.

Marseille, 2 Décembre 1837.

ALGER EN 1876.

DISCOURS

PRONONCÉ PAR M. J. LOUBON DANS LA SÉANCE PUBLIQUE DE LA SOCIÉTÉ DE STATISTIQUE DE MARSEILLE DE L'ANNÉE 1836.

Il fut une époque où les divers gouvernemens de l'Europe ne voyaient d'accroissement pour leur puissance , de prospérité pour leur commerce , que dans la découverte de nouveaux pays , dans la domination qu'elle leur promettait et dans les avantages lointains de leur colonisation. Alors aucun sacrifice ne coûtait pour former ces établissemens riches d'espérances , pour les multiplier, pour les entretenir, et les résultats les plus heureux se rattachaient aux avances qu'ils nécessitaient.

Le Portugal , par ses découvertes , échangeait bientôt une classification très-secondaire parmi les états de l'Europe, contre une position du premier ordre. La Hollande, avec un territoire très-rétréci, une population peu considérable , parvenait par ses colonies , par son commerce , à décupler ses ressources et prenait rang parmi les premières puissances. Tel un homme laborieux et modeste , consacrant ses loisirs à s'approprier les trésors de la science , arrive , sans s'en douter , à échanger une position peu fortunée , contre les premiers emplois , les premières charges d'un état.

de pirates, possesseurs au milieu de la Méditerranée d'un littoral immense, vint affliger le monde
du contraste dégoûtant des mœurs les plus sau-
vages, du gouvernement le plus inique, avec la
civilisation la plus avancée, les mœurs les plus
douces et les systèmes de gouvernement les plus
réguliers. Enfin la providence se lassa d'un état de
choses aussi contraire à l'ordre admirable qui régit
l'univers ; elle permit que le prétexte le plus futile
vint mettre un terme au spectacle affligeant d'un
tel contraste. La France reçut la mission honorable
de faire rentrer dans le néant un gouvernement
fondé sur le crime, la violence et l'avarice. Il fut
facile alors de reconnaître que, pour un état, la thé-
saurisation n'est rien ; que la seule dont il puisse
recueillir les fruits, c'est une sage cumulation d'é-
tablissemens utiles et de tous les élémens de prospérité. Il fut alors hautement constaté que ces
élémens heureux sont la vraie, la seule base de cet
esprit national, de cet amour du pays, dont la
puissance est supérieure à tous les trésors, à toutes
les forteresses. Celles qui protégaient Alger, tom-
bèrent sous les efforts de la valeur française.
Alger fut soumis ; mais la France n'a point là
terminé sa mission. L'Europe lui demande encore
une œuvre plus grande et plus glorieuse, une
œuvre que doivent appeler de tous leurs vœux les
hommes positifs et réfléchis, qui pensent comme

nous, que pour répondre à la disposition générale des esprits, au développement progressif de toutes les améliorations sociales, il est indispensable d'entrer franchement dans l'exécution des idées grandes et généreuses, seules propres à y amener. Dire que l'on désire le bien de l'humanité et laisser dans son voisinage une population nombreuse privée des bienfaits de la civilisation, c'est mettre en contradiction les actions avec les paroles.

La transformation d'un peuple barbare en une nation civilisée, demande, il est vrai, le secours d'un grand nombre d'années; de la fixité dans les plans, dans les idées; et une constance à toute épreuve.

Mais qu'importe le temps que l'on doit employer pour atteindre un but aussi désirable. Ce projet est assez beau pour qu'on ne soit pas découragé par les difficultés. Les particuliers doivent écarter toute entreprise de trop longue haleine, parce que leur existence est très-limitée; celle des nations est indéfinie : trente ans sont trop pour un particulier, deux siècles ne sont rien pour un peuple.

Lorsqu'un dessein porte avec lui tant d'élémens de gloire, on ne saurait hésiter. Il n'y a que l'impossibilité qui puisse arrêter, et y a-t-il pour le français quelque chose d'impossible? De grands obstacles s'offrent ici comme dans toute conception d'une vaste portée, mais ces obstacles ne sont pas insurmontables; la présence d'une force plus imposante les ferait évanouir. Dès lors tous les soins pourraient être portés sur la civilisation. Les Maures, les Arabes, les Kabaïles, ne manquent pas d'intelligence, leur esprit cultivé par l'éducation porterait les mêmes fruits que celui des autres hommes; peut-être même verrait-on plus tard des individus d'un talent supérieur s'élever parmi eux. Une terre restée en friche long-temps, donne les plus grands produits quand elle est livrée à la culture. Chassons donc cette pensée que les anciens habitans des côtes septentrionales d'Afrique ne puissent pas être civilisés. Combinons ensemble pour les vaincre, pour les soumettre, les arts de la paix avec les armes de la guerre; que notre armée soit forte, soit puissante, mais que l'influence de l'instruction, du génie, des arts soit son principal auxiliaire. L'action de ce levier, plus lente, mais plus sûre, ne fera pas défaut à nos efforts. Prodiguez gratuitement et abondamment aux jeunes arabes les bienfaits de l'éducation; répandez sur eux à pleine main les trésors de la science, et dans peu d'années les produits variés de l'industrie deviendront pour eux un besoin. Dès lors ils seront vaincus, leur civilisation sera assurée et la mission de la France sera remplie.

Fortement impressionné par ces reflexions et captivé par le charme que me présentait l'idée de voir transformer l'ancienne régence d'Alger en un royaume civilisé, je laissai aller mon imagination et elle me présenta, avec une illusion complète, la position d'Alger dans 40 ans. Je ne sais si je rêvais ou si j'étais éveillé, mais toutes mes facultés étaient absorbées, par ce que je croyais voir, et cette sorte d'hallucination semblait pour moi la vérité.

Me voilà donc reporté en 1876, voyageant dans la Méditerranée. Le navire auquel nous avions confié nos destinées, après une violente tempête, vint échouer vers les masses de rochers disséminés sur les côtes septentrionales d'Afrique, si souvent témoins muets des massacres exercés sur de malheureux naufragés, par des hordes inhospitalières.

Le capitaine nous apprit que nous étions dans les environs d'Alger; il fit descendre les passagers. Muni de quelques provisions de bouche et de finance, je m'étais éloigné de mes compagnons d'infortune, cherchant à reconnaître les lieux où je me trouvais. Une double allée d'orangers et de citronniers attira mes pas par l'odeur suave qu'elle répandait au loin. J'en suivis la direction: à son extrémité était une jolie colline, je la gravis; sur son sommet était placé le belvéder le plus élégant. Je découvris de là une large plaine, où d'une part croissait le froment à côté du bétel, et de l'autre s'élevait une masse considérable de cotonniers, qui me parurent en plein rapport.

En quittant le belvéder, je m'enfonçai dans un vaste verger d'oliviers ; ces arbres, par leur hauteur prodigieuse et l'épaisseur de leur ombrage, présentaient à mes yeux l'aspect d'une forêt. Je m'arrêtai quelque temps dans ce lieu et j'éprouvai une telle jouissance à voir se déployer à mes yeux tant de richesses, que je ne m'apercevais pas de la fatigue. Je ne sortis qu'à regret de cette forêt si riche de produits. La plaine, que j'avais aperçue de loin, commençait à se dérouler devant moi. Au milieu d'une grande prairie, était une allée de mûriers: je la suivis; elle me conduisit en vue d'une ferme ; à ma gauche se trouvait un touffu de platanes, et à ma droite, un bosquet ; là, se groupaient ensemble le nopal à la riche cochenille et le citronnier au mince rapport ; le palmier et l'arbre à pain, le figuier et le cafier, le poirier et le cacaotier, l'abricotier et le giroflier, le prunier, le pêcher, l'oranger et une infinité d'autres arbres qui ne m'étaient point connus. Le propriétaire paraissait avoir eu l'intention de prouver que le climat d'Alger se prêtait à tous les genres de productions. Je parcourus ce bosquet dans tous les sens; il était traversé par un ruisseau dont le doux murmure portait à la rêverie. Au centre de ce riche mélange d'arbres de tous les pays, s'offrait une rotonde où des bancs du gazon le plus touffu invitaient à se reposer.

A peine étais-je dans cette retraite, que mon attention fut excitée par le bruissement que font les feuilles tombées des arbres, lorsqu'elles sont foulées sous nos pas. Je fus agréablement surpris en voyant passer, non loin de moi, une jeune personne de seize à dix-huit ans, d'une beauté ravissante. Son port était majestueux ; sa démarche mesurée, était remplie de charmes ; des boucles de cheveux d'un noir d'ébène descendaient sur ses épaules. Une robe flottante, façonnée à la grecque, dessinait une taille svelte et laissait deviner les formes les plus parfaites. Cette apparition soudaine me causa une vive émotion. A peine remis de mon étonnement, les plus doux accens, des mots français vinrent frapper mon oreille et révéler une éducation européenne. Pour mieux goûter le charme de sa voix mélodieuse, je me rapprochai d'elle sans m'en apercevoir. Surprise de rencontrer un étranger dans ce lieu solitaire, elle se tut et allait s'éloigner : je cherchai à fixer son attention par le récit du naufrage qui nous avait jeté sur la côte ; elle parut y prendre le plus vif intérêt. Interrogée sur l'éloignement où je me trouvais d'Alger: vous êtes malheureux et français, répondit-elle, ce sont deux motifs puissans pour être accueilli par mes parens, qui vous faciliteront les moyens de vous y rendre. Mon père surveille en ce moment les travaux de la ferme ; en attendant sa rentrée , je vais vous présenter à mon aïeul , il sera heureux s'il peut vous être utile.

Le vieillard vénérable s'offrit bientôt à notre vue ; sa tête était ombragée de cheveux blancs , sa marche était lente mais assurée ; informé par sa petite fille de ma malheureuse situation , il m'accueillit avec la plus grande affabilité.

Après quelques détails sur notre naufrage , sur le motif de mon voyage et sur ce qui se passait en France , il m'apprit qu'il était maure d'origine ; que sa fille unique , morte depuis peu d'années , avait épousé un français ; qu'après avoir eu plusieurs enfans , il ne lui restait que cette jeune demoiselle ; que l'on allait bientôt l'établir , qu'elle était promise à un kabaïle , élève distingué de l'école polytechnique. Je le félicitai sur l'éducation soignée de sa petite-fille.

Au même instant le père rentra. Deux de ses voisins , propriétaires comme lui, l'un kabaïle, l'autre arabe , l'accompagnaient. Même accueil de sa part. Bientôt le dîner fut servi : au dessert, la conversation , devenue générale , me démontra que la civilisation des anciens habitans de la régence , était devenue complète ; la conversation de tous les convives était agréable, intéressante , instructive. L'esprit de chacun d'eux était orné comme celui d'un européen ; leur imagination brillante me traça dans un narré élégant , rapide et clair , l'histoire de leur civilisation. Les routes , les canaux , l'industrie , le commerce , l'administration , les finances , furent les divers sujets dont on s'entretint. J'appris qu'il avait été établi des chemins de fer dans toutes les directions de la régence. Mes hôtes m'offrirent de me faire visiter , dans un intervalle de temps très-court, par ce moyen , tout ce que leur pays présentait de remarquable : j'acceptai cette proposition.

Nous visitâmes d'abord Alger ; je l'avais entièrement perdu de vue, je ne le connaissais que par le tableau que l'on m'en avait fait en 1836. Je vis cette ville , signalée alors comme mal bâtie , aujourd'hui percée de rues larges , composées de maisons régulières ; j'y remarquai des places publiques ornées de belles fontaines, des monumens d'une bonne architecture , une bourse de commerce , un palais de justice , un beau port , de vastes quais , des boulevarts formant des promenades agréables. Je demandai s'il était vrai que je fusse dans l'ex-régence ; l'on parut surpris de mon étonnement.

Nous nous rendîmes après à Bougie , ensuite à Bone, à Oran , à Constantine , partout je crus voir une ville européenne. Le commerce le plus actif avait attiré dans chacune de ces villes une population considérable. Un air d'aisance et de bonheur était peint sur toutes les physionomies ; par suite , l'union la plus franche régnait entre ces peuples , autrefois si désunis.

A Arsew , une ville nouvelle avait été bâtie ; une colonie nombreuse y était fixée ; son commerce était devenu fort important.

La campagne que nous visitâmes dans notre course présentait l'aspect le plus séduisant. La Métidja , entièrement assainie , fournissait depuis long-temps un ample dédommagement aux dépenses de dessèchement.

A son extrémité s'élevaient les murs de Bouffarick. Cette ville , entièrement française , était le centre et le passage d'un commerce actif entre Médéa , Coléa, Midiana et Belida; Belida dont les alentours sont embéllis et parfumés par des jardins d'orangers et de citronniers.

Les caravanes venant de l'intérieur de l'Afrique avaient repris leur cours habituel. Nous fûmes témoins de l'arrrivée de l'une d'elles à Bone. La poudre d'or, la gomme, la cire, les cuirs, les dents d'éléphant et les épiceries, étaient les richesses qu'elle apportait. La vue de cette quantité immense de chameaux offrait un spectacle imposant.

Lorsque nous fûmes de retour de notre voyage, l'ancien maure voulut connaître quelles étaient mes observations; je lui répondis que les métamorphoses qui avaient eu lieu, me paraissaient tenir du merveilleux, et je lui demandai de m'indiquer comment toutes ces merveilles avaient été opérées.

La France, répondit-il, après avoir hésité pendant long-temps à affecter à l'occupation d'Alger, des allocations suffisantes, a fini par se pénétrer de cette vérité, que pour l'exécution des grandes choses il faut éviter les demi-mesures.

S'il est vrai, ajouta-t-il, qu'un négociant riche, qui veut rendre productive une manufacture, ne craint pas de se livrer, dès le principe, à de fortes dépenses, soit en machines, soit en constructions, lorsque ces machines, ces constructions doivent lui assurer de plus grands revenus, comment un gouvernement dont les ressources dépassent un milliard, serait-il avare de quelques centaines de millions, lorsque ces avances doivent former dans son voisinage et sous sa domination, un nouveau royaume possesseur du sol le plus riche, dont la culture produira des trésors intarissables? Après de longs tâtonnemens, dont les effets furent d'abord funestes, la France se détermina enfin à envoyer 100 mille hommes en Afrique. Portant son armée dans l'ex-régence à un effectif aussi considérable, elle a fait connaître aux anciens habitans du pays quelle était sa puissance; l'effet moral produit par la présence de cet état militaire imposant, a fait plus que le gain de dix batailles. Son administration a en même temps suivi la ligne la plus exacte d'équité dans ses relations avec les indigènes. D'autre part elle a étalé à leurs yeux tout l'attrait de l'aisance et du luxe dans des fêtes périodiques , où une partie des indigènes a été appelée ; des présens leur ont fait connaître et désirer les produits des manufactures françaises. Elle les a peu à peu habitués aux besoins de la civilisation ; elle leur a offert alors la jouissance de l'instruction , en accordant avec facilité à tous les enfans des naturels du pays , une éducation gratuite ; elle n'a pas craint d'ajouter à son budget la somme nécessaire à cette éducation , dont les résultats devaient être si favorables. Peu à peu les mœurs des Africains se sont adoucies , les vieilles aversions se sont éteintes. Les goûts des anciens et des nouveaux habitans de la côte africaine devenant les mêmes , leurs habitudes se sont confondues et ont amené de nouvelle mœurs ; dès lors l'ancienne régence d'Alger a marché d'un pas rapide , vers une amélioration successive. Il est même remarquable que , sur certains points , nous avons été moins à tâton que la France elle-même. L'établissement des chemins de fer n'a rencontré ici aucune opposition. Des intérêts acquis n'étaient point en présence. D'anciennes industries ne craignaient point d'être anéanties par ce moyen de transport plus rapide ; cette facilité de communication a contribué puissamment à nous amener , avec plus d'activité , à une civilisation complète.

Le coton, dont la culture a été soignée depuis plusieurs années, nous donne de très-beaux produits et vient se joindre aux laines et aux huiles pour alimenter notre commerce avec la métropole. Notre mouvement commercial est devenu vingt fois plus considérable qu'il n'était en 1836; sans mentionner les avantages immenses que retire la France de la colonisation d'Alger, par l'accroissement de son industrie et l'écoulement du produit de ses manufactures, les recettes de la douane lui offrent, à elles seules aujourd'hui, un ample dédommagement des sacrifices faits dans le temps. La prospérité de la colonie est toujours ascendante, et nous reconnaissons chaque jour davantage, les bienfaits de la civilisation.

Après ces paroles, je voulus répondre au discours du maure, mais son image s'effaça aussitôt, comme le son de ses paroles s'était éteint, et je m'aperçus que ce qui m'avait paru l'expression de la vérité, n'était que l'effet d'une forte hallucination.

Nos devanciers portaient volontiers leurs idées dans un monde imaginaire, le vaste champ de la féerie leur était ouvert et des ouvrages d'imagination d'un goût délicat servaient souvent de délassement aux esprits les plus sérieux. Aujourd'hui les prestiges de la féerie sont remplacés par les merveilles de l'industrie; en portant notre pensée à 40 ans de distance, des résultats plus étonnans que les prodiges enfantés par l'imagination, se trouvent dans le domaine de la réalité.

Convaincu de la gloire qui doit advenir à la France, en amenant à la civilisation les anciens habitans de la régence d'Alger, je forme des vœux ardens, afin que mon rêve soit, dans 40 ans, la vérité elle-même.

www.ingramcontent.com/pod-product-compliance
Lightning Source LLC
Chambersburg PA
CBHW062323070726

47596CB00009B/2720